इसी बहाने

तितलियां और यादों के जुगनू

नरविजय यादव

BookLeaf Publishing
India | USA | UK

Made with ❤ on the BookLeaf Publishing Platform
www.bookleafpub.in
www.bookleafpub.com

Dedication

समर्पण

प्रो. (स्वर्गीय) उर्मिलेश शंखधार जी को समर्पित, जिन्होंने अस्सी के दशक में, एक कविता के माध्यम से मुझे प्रेरित करते हुए कहा था--

"मेरी अभिलाषा है, तुम मुझसे भी बढ़कर यश पाओ;
जो न कर सका मैं अब तक, वो करके तुम दिखलाओ!"

Preface

गुज़रे लम्हे और कल के सपने

कभी-कभी ज़िंदगी हमें उन राहों पर ले जाती है, जिनकी हमने कल्पना भी नहीं की होती। सफ़र के दौरान जो दृश्य, अनुभव, भावनाएं और अनकही बातें हमारे भीतर घर कर जाती हैं, वही समय के साथ शब्दों का रूप ले लेती हैं। *इसी बहाने* ऐसी ही कविताओं का संकलन है - वे कविताएं, जो ज़िंदगी के अलग-अलग रंगों, अनुभवों और संवेदनाओं को संजोए हुए हैं। पत्रकारिता का दिलचस्प सफ़र और विभिन्न प्रांतों में भ्रमण का मेरा अनुभव इसमें झलकता है। यात्राएं, मुलाकातें, जीवन की छोटी-बड़ी घटनाएं - इन सभी ने मेरी सोच को विस्तार दिया और शब्दों को दिशा। शब्दों के इस सफ़र में मेरे साथ चलने के लिए शुक्रिया!

नरविजय यादव

narvijayindia@gmail.com

www.narvijay.in

Acknowledgements

आभार

काव्य संग्रह *इसी बहाने* के रूप में जो विचार, भावनाएं और अनुभव शब्दों में ढले हैं, उनके लिए मैं हृदय से उन सभी का आभार व्यक्त करना चाहता हूं, जो इस सफ़र में मेरे सहभागी बने।

सबसे पहले, उन अनगिनत अनुभवों, यात्राओं और स्मृतियों का धन्यवाद, जिन्होंने इन कविताओं को जन्म दिया। ज़िंदगी के विभिन्न पड़ावों पर जो दृश्य, घटनाएं और भावनाएं मन में गूंजती रहीं, वे शब्दों का आकार लेकर इस संग्रह में संकलित हुईं।

कविता पढ़ने, सुनने और लिखने के बीज मेरे गृहनगर बदायूं में पड़े, जहां कवि सम्मेलनों में हम घंटों बिताते थे। बचपन में, आदरणीय डॉ. बृजेंद्र अवस्थी और प्रो. उर्मिलेश शंखधार जी का स्नेह और आशीर्वाद मिला।

संजीव पाठक, स्वतंत्र प्रकाश गुप्ता और राजीव कुमार गुप्त 'प्रभाकर' जैसे साथियों के प्रभाव से कविताओं से मेरा जुड़ाव पुख़्ता रहा। विचारों के इस प्रवाह में कई विमर्श शामिल रहे, जिन्होंने मेरे लेखन को और भी परिपक्व बनाया। अंत में, उन अनकहे पलों और अनदेखी प्रेरणाओं का हृदय से आभार, जिन्होंने इस पुस्तक को सम्भव बनाया।

नरविजय यादव

1. कह दो कभी

कस के हसरत है
अगर मन में कहीं।
सोचते क्यों हो...
कभी कह दो कहीं।

क्या पता मिलने
न पाए फिर कभी।
ज़िंदगी से ज़िंदगी...
ये फिर कहीं।

वरना...

प्रेम का बंधन बुनो मत,
छोड़ दो उन्मुक्त इसको,
सागरों की लहर जैसा...
वायु जैसा, गगन जैसा।

2. तुम्हारे स्पर्श सी

तुम्हारे स्पर्श सी
नाज़ुक, नर्म और
जादुई लगती है
आनंदित करती
शीतल मंद
पवन!

तुम्हारी यादों सी
झिलमिलाती हैं
ऊपर से गुजरते
हवाई जहाज
की हरी-लाल
बत्तियां!

आसमां में
चक्कर काटते
प्लेन को भी मानो
मिल नहीं पा रही
मनचाहे रनवे
से गुफ्तगू की
इजाज़त!

3. अटपटी ख्वाहिशें

तुम्हारे साथ रंग खेलने
की तमन्ना थी
इस बार होली पर,
पर ऐसा हो न सका।

होता भी कैसे? अब न
वो दिन रहे, न हालात,
न वो हंसी-ठिठोली,
न वो बेफिक्री की बात।

होली आती है,
चली जाती है,
पर न अब शरारत
छलकती है,
न ही रंगों की
चुलबुली मचती है।

वक़्त के साथ
धीरे-धीरे गुम जाती हैं
दिल की अटपटी ख्वाहिशें,
या शायद हम ही हो जाते हैं...
कुछ ज़्यादा संजीदा,
कुछ ज़्यादा समझदार!

4. यही तो है वो

जब जेहन में
बस जाए...

किसी का चेहरा
किसी का अंदाज़
किसी की चाल
किसी की आवाज़।

किसी की बातें
किसी की मुस्कान
किसी का तिल
किसी के गाल।

तो यकीन मानिए...
वो शख्सियत
रही होगी
वाकई बेमिसाल!

5. यादों के जुगनू

वो तितली, वो जुगनू, वो रिक्शे की सवारी,
छत से लूटी पतंगें, और त्यौहारों की तैयारी।

चाबी वाले खिलौने, अगली कक्षा की किताबें,
मलाई के लड्डू, टॉफियां, स्कूल की नीली जुराबें।

सींक में पत्ता फंसाकर, उसे चरखी सा नचाना,
बेतहाशा दौड़ना-कूदना, बारिश में भीग जाना।

गांव के मंदिर में बच्चों संग खेलते हुए
अक्कड़ बक्कड़ बंबे बोल गाते हुए चक्कर लगाना।

लबेड़ा की गुठली में मिठास तलाशना,
मामी के दिए गेहूं से चुस्की-गोलगप्पे खाना।

दफुआ की भुसौरी में बैठे पिल्लों को पुचकारना,
दूब पर जमी ओस को छूना, खिलखिलाना!

मन की कुंडी खटखटाती रहीं, पीछे छूटीं तमाम बातें।

6. मटरगस्ती

इलाहाबाद की सड़कों पर साइकिल से घूमना,
यूनिवर्सिटी कैम्पस में बेमतलब मंडराना।

स्टेशनरी की शॉप से पेंसिल-पेन खरीदना।
रेडियो पर युववाणी मनोयोग से सुनना।

कंपटीशन रिव्यू का कवर घंटों निहारना।
दो दिन पुराना अखबार पढ़ने हॉस्टल जाना।

आते-जाते लोगों को बस यूं ही देखते रहना।
कारों की पिछली सीटों पर ज़रूर नज़र डालना।

साइकिल के पहियों में खुद से हवा भरना।
गोलगप्पे के ठेले से चटपटा पानी लेना।

सिविल लाइंस की शामें, कटरा रोड की चाय,
इलाहाबाद के वो दिन, अब भी दिल में समाए।

7. खौफ की चुप्पी

बेहद बुरे सपने सच में सच होने लगें तो क्या होगा?
होगा क्या, कोविड काल में देख तो लिया!

ऑक्सीजन, जो मुफ्त में मिलती थी,
सिलिंडर में बिकने लगी।
सांस के लाले पड़े, हर तरफ मृत्यु खड़ी!

कौन बच पाया, बचेगा, या मिलेगा खाक में?
इत्तला भी तब मिली जब पैक में बॉडी मिली।
हर तरफ दहशत, मुसीबत, खौफ की चुप्पी मिली!

फेफड़ों को फोड़ने में जुट गया वो वायरस,
रॉक सॉलिड विलपॉवर, चाल तब चलनी पड़ी।

खेल खेला फुल दिमागी, जीत ली फिर ज़िंदगी!

8. मत रोको

चलो कहीं फिर दूर चलें,
रेतीले सागर के ऊपर
पथरीले मंजर पर ढूंढें
सपने, शांति सरीखे हम।

उन पर्वत शिखरों से मिलने
भाग चलें, फिर दौड़ चलें
अनदेखे विस्तारों से फिर
आंख-मिचौली कर लें हम।

सतरंगी से पानी की वो
झील बुलाती है अक्सर
उत्तुंग हिमालय की चोटी से
नाता जोड़ें चलके हम।

अब मत रोको, रोकोना तुम,
हमको, कोरोना रोको ना!
को-को रो-रो, कोरो ना तुम
जाने दो, नहीं रुकेंगे हम।

9. विंडो सीट

बादलों पर चलने
बादलों को पकड़ने और
बादलों से ऊपर जाने
का अहसास कराती विंडो सीट!

रुई के फाहे से दिखते
अजब आकृतियां बनाते
समंदर सा स्वप्न लोक रचते
बादलों के नज़ारे दिखाती विंडो सीट!

एक अनदेखा संसार
सपनों की अलग ही दुनिया
हवा में तैरने की अनुभूति और
मन में उमड़ती कहानियों
को पल-पल संवारती विंडो सीट!

धरती को पैबंद लगी चादर
गांव को आलू के ढेर
फसलों-वृक्षों को हरे धब्बे और
नदी को एक अजगर जैसे
रेंगता हुआ दिखाती विंडो सीट!

10. छा जाए हिंदी

हिस्सा तनिक बढ़ाए हिंदी
तो हर दिल को भाए हिंदी,
मेल-जोल कर भाषाओं से,
भारत में छा जाए हिंदी।

अंग्रेज़ी ने दुनिया भर की
भाषाओं को अपनाया,
तब जाकर हर देश-प्रांत में,
अपना परचम लहराया।

उसी तरह की राह पकड़ के
नए सफर पर निकले हिंदी,
उत्तर-दक्षिण, पूरब-पश्चिम,
सबको साथ मिलाकर हिंदी।

इंद्री, सारी, हैलो, वनक्कम,
सतश्री अकाल, नमस्कारम,
"की फर्क पेंदा?" जोड़-जाड़ के,
सबकी प्रिय बन जाए हिंदी।

तमिल, तेलुगु, मल्ली, कन्नड़,
सबका मिक्स बनाए हिंदी,
हर कल्चर अपनाए हिंदी,
भारत में छा जाए हिंदी।

11. अधूरे ख़त

वक्त बीता, ग़म नहीं,
ग़म आपका भी कम नहीं।

छोड़ आए ख़त अधूरे
दर्द लेकिन कम नहीं।

ग़म नहीं उसकी गिला का,
ग़मजदा हम कम नहीं।

खेल सब खेला खुदा का,
खेल खेला कम नहीं।

जिस ज़मीं ने पाल-पोसा,
जिस ज़मीं से जड़ जमी।

उस ज़मीं पर हक़ हमारा,
हक़ किसी से कम नहीं!

12. टकटकी

शहर के इर्द-गिर्द हेलीकॉप्टर मंडराता था,
आकाश विमानों की गूंज से गुंजायमान रहता था।
छत, छज्जा, बरामदा...हर ओर यही नज़ारा था।

दुनिया की निगाहें एक ही ओर टिकी थीं,
हर कोई सोचता था... किसी तरह वहां पहुंचें,
संगम में एक डुबकी तो लगा लें।

छुटकू-सा हवाईअड्डा अचानक बड़ा हो गया,
दिन-रात गूंजने लगा विमानों की गर्जना से,
फड़फड़ाते हेलीकॉप्टर करते रहे फूलों की बारिश।

प्रयागराज के बाशिंदे अब मायूस हैं सन्नाटे से,
टकटकी लगाए देखते हैं...सूने आसमान की ओर,
कब आएगा कुंभ? कब फिर गूंजेगा आसमान?

13. हुआ सो हुआ

अब ज़िंदगी से
कोई शिकायत नहीं,
जो हुआ, जैसा हुआ,
बस... हो गया।

जो बदला नहीं जा सकता,
जो लौट नहीं सकता,
उससे आखिर...
क्या शिकवा, क्या गिला?

अफसोस में जीना
फितरत नहीं हमारी,
हम वो शय हैं...
जो खुद को रीसेट
करना जानते हैं!

14. देखते ही देखते

वक्त की बर्बादियों ने
तोड़ डाले घर सभी,
देखते ही देखते
बदला नज़ारा हर तरफ।

शख्स वो कुछ कम नहीं
पर सोच में खामी रही,
देखते ही देखते
उजड़ा चमन था हर तरफ।

झील में पानी बहुत पर
धरा प्यासी ही रही,
देखते ही देखते
डूबा किनारा हर तरफ।

15. तस्वीरों में हाथी

उस जमाने की बात है,
जब धरती पर हाथी
हुआ करते थे।

बहुत बुद्धिमान, समझदार
और शांत प्रकृति के
शानदार प्राणी थे।

वे झुंड बनाकर रहते और
पानी की तलाश में
यात्राएं करते थे।

आदमी ने अंकुश-भालों से
डराकर उन्हें बंधक बनाया
और सताया।

कभी मंदिरों में बांधा तो
कभी लक्कड़ या पर्यटक
ढोने में लगाया।

जिन हाथियों से जंगल छिने
उनकी तस्वीरें अब सिर्फ
किताबों में मिलती हैं।

16. बोर नहीं होते?

पेड़ बोर नहीं होते?
ताउम्र एक जगह
खड़े-खड़े!

सड़क की कमर
नहीं दुखती?
हरदम यूं ही
पड़े-पड़े!

पानी की टंकी
तपती नहीं?
छत के ऊपर
चढ़े-चढ़े!

ट्रेनें भी थक
जाती होंगी?
धम्म-धड़ाधड़
चले-चले!

17. मौसम बदल दिया

रातभर गरजते रहे
घने काले बादल,
बिजली भी रुक-रुक
कर कड़कड़ाती रही।

सुबह देखा पार्क में,
अंजुली भर पानी से
कबूतर नहाते हुए
गुनगुनाते रहे।

तभी तो पाक की
नापाक चालों से अधिक,
पश्चिमी विक्षोभ की
शरारतें लुभाती हैं।

जब अचानक उमड़ने
लगते हैं बादल और
बेमौसम बूंदाबांदी
मौसम बदल जाती है!

18. जी करता है

जी करता है लिख डालूं मैं
हर हाथी की तकलीफ़ें,
हर घोड़े के मुंह की पीड़ा,
हर खच्चर की पीठ व्यथा!

जी करता है सुन पाऊं मैं
फिर से मेढक की टर-टर,
कोयल, चिड़िया, मोर, साथ में
तोते की सब रामकथा!

जी करता है समझ सकूं मैं
जीव-जंतुओं की भाषा,
बैलों की गर्दन की पीड़ा,
ऊंटों की हर व्यथा-कथा!

जी करता है करूं वकालत
पशू-पक्षियों की भरसक,
धरती पर लौटे खुशहाली,
जगमग-जगमग यथा-तथा।

19. चुप रहना

किसी की शांति,
अनुशासन,
और चुप्पी को
उसकी कमजोरी
न समझ लेना।

याद रहे...
चुप रहना एक
कला है, और
हालात संभालने
का एक नायाब
तरीका भी।

चुप तो एयरपोर्ट
पर खड़े विमान
भी दिखते हैं।
लेकिन जब वे
उड़ने पर आते हैं..
तो हवाओं की
भी नहीं सुनते!

20. सपनों का परिंदा

हाथ में टिकट, दिल में
तूफान सा मचलता है,
एयरलाइन का लोगो देखकर
सपनों का परिंदा उड़ता है।

सूटकेस खुलते ही सपनों की
तहें खुलने लगतीं,
नया शहर, नई सड़कें,
नई यादें जुड़ने लगतीं।

मैप पर उंगली घुमाकर
ख़ुद को वहां महसूस करता,
कैसा होगा मौसम वहां?
सोचकर ही मन बहकता।

एयरपोर्ट की रौनक पहले ही
दिल में बस जाती,
अब बस घड़ियां गिननी हैं,
जहाज के पंखों संग उड़ जाने की।

21. टपाटप

थोड़ी और टपाटप कर दो,
हे भगवन, बस बारिश कर दो!
बूंदाबांदी चले भोर तक
बादल इतने भारी कर दो।

बाग-बगीचे, ताल-तलैया,
सभी ओर हरियाली कर दो।
बाढ़ नहीं, खुशहाली दे दो,
आवोहवा निराली कर दो।

बारिश केवल सुखदाई हो,
नए नियम तुम जारी कर दो।
कोई खेत न रहे पियासा
मानसून सरकारी कर दो।

चाय-पकौड़ी चलें दनादन,
लकदक हर तरकारी कर दो।
थोड़ी और टपाटप कर दो,
हे भगवन, बस बारिश कर दो!

22. बढ़िया है

वृक्षों का बढ़िया है...
न खाने की चिंता
न पानी का टोटा।

न यात्रा का झंझट
न सुरक्षा का लोचा,

न भाषा की दिक्कत
न झगड़े की नौबत।

न स्पीड की फिकर
न दुर्घटना का डर।

न बच्चों की चिकचिक
न मकान की ज़रूरत!

23. टिटहरी

मेरे गांव की
इतराती झील,
जो आज भी
पहली बारिश
में ही लबालब
भर जाती है।

जहां मेढक
टर्राते हैं,
मछलियां
उछलती हैं,
सारस इठलाते हैं,
और टिटहरी
टिटियाती हैं।

टिटहरी की
आवाज़ आज
भी मुझे...
गर्मी की लंबी
छुट्टियों की,
मीठी याद
दिलाती है!

24. हथेली पर ओले

हथेली पर ओले, खेत में भुनी मटर,
बरोसी में औंटा दूध, चटनी-मठ्ठा संग रोटी।

मेंड़ पर संतुलन बनाना, ट्रैक्टर की साइड में बैठना,
छोटी-सी झोंपड़ी बनाना, पेड़ की छांव में सुस्ताना।

खेत से गन्ना तोड़ना, लहडू से स्टेशन जाना,
कैंची साइकिल चलाना, दोबरे पर कलामुंडी खाना।

टर्राते मेढक पकड़ना, झनझनाते झींगुर ढूंढना,
मिट्टी की सोंधी खुशबू, आंधी में गिरे आम बटोरना।

बैलों के गले में घंटियां, अर्राह-मटर के चटख फूल,
दल्लान पर जलते अलाव, गांव की सादगी का आनंद।

शहरी चकाचौंध में हमको ऐसे अनुभव मिले नहीं अब,
प्लेन से नीचे देखा अक्सर, छत पर लेटे दिखे न तारे।

25. गरमागरम

कविताओं के
जायकेदार व्यंजन
बनाने की विधि--

एक डायरी में
थोड़े से शब्द लें,
कुछ विचारों में
अच्छे से मिक्स करें।

मिश्रण को कलम
से घुमाते हुए कुछ देर
भावनाओं की
धीमी आंच पर
अच्छे से पकाएं।

चुटकी भर कल्पना
छिड़क कर
इसमें तुकबंदी का
तड़का लगाएं।

फिर स्वाद अनुसार
शीर्षक लगा कर
पाठकों की प्लेट में
गरमागरम परोस दें!

26. वफादारी का सिला

सदियों पहले दिल से लगाया,
जंगली भेड़िए को पालतू बनाया।

शिकार में मदद को साथी बनाया,
सुरक्षा का जिम्मा उसी को थमाया।

वो अब भी तुमको अपना समझता है,
तुम्हारी हिफ़ाजत में जान भी छिड़कता है।

कैसी भी मुश्किल हो, कुछ भी कठिनाई हो,
भूखा रहकर भी साथ निभाता है।

पर इंसान ने देखो फिर से रंग दिखाया,
अहसान भुलाकर श्वान को ठुकराया।

दुत्कारा, सताया, बेबस दौड़ाया,
पालतू को गोद में, और बेघर को भगाया!

27. बादल

कभी धुआं तो
कभी रुई के फाहे,
कभी हिमाच्छादित पर्वत
कभी विस्तृत पठार।

कभी कपास के ढेर
कभी बर्फ से ढंकी नदी,
कभी शिमला का रिज़
कभी सर्दियों की कुफरी।

कभी साबुन के झाग
कभी ताज़ा मक्खन,
कभी आते-जाते खयाल
कभी बारिश की दस्तक।

कभी ठहरी सी ज़िंदगी
कभी तेज़ रफ़्तार,
कभी पानी से लकदक
कभी शुष्क संसार!

28. उचकती इमारतें

हवा ऐसी कि
तरबूज उड़ा दे,
रात ऐसी कि
सपनों को हवा दे।

दूर नज़र आतीं
उचकती इमारतें,
नरीमन पॉइंट सा
अहसास करातीं।

पेड़ों के झुरमुट से
जंगल का आभास,
मोर, टिटहरी, गुटर गूं
सांय-सांय आवाज़।

दोनों तरफ दिखतीं
रेंगती रेलगाड़ियां,
फैक्ट्रियों की चिमनियां,
पार्कों की क्यारियां।

29. बेफिक्र बच्चे

बच्चे मनुष्य के हों,
बंदर के या हाथी के,
बच्चे बस बच्चे होते हैं...
चुलबुले, चंचल, सलोने।

खोजने निकले मकां,
जब अजनबी से शहर में,
खुश हुए, मन खिल उठा,
बच्चे दिखे जब पार्क में।

याद है, जब गुम हुए सब,
लॉकडाउन के समय?
हो गईं थीं सूनी गलियां,
छिप गए थे सब शहर।

देखता हूं जब उछलते,
कूदते, बचपन के सर,
खुशनुमा होता बराबर,
मेरे मन का रोम हर!

30. अच्छा लगता है

फुरसत के पलों में
सोफे पे पसरना,
अधखुली आंखों से
खुला आसमां निहारना...
मनभावन लगता है।

सुबह की चाय संग
ख़बरें गटकना,
बीज और मेवों के बीच
किशमिश तलाशना...
अच्छा लगता है।

जब कभी मन करे
तुकबंदियां करना,
फोन के नोटपैड में
कविताएं बुनते रहना...
सुकून देता है।

31. मेरा घर

मेरा घर,
जहां मैं जीता हूं
सुकून भरी ज़िंदगी।
जहां न कोई मुखौटा,
न कोई बड़ा-छोटा!

मेरा घर,
जहां मैं लेता हूं
चैन की गहरी सांस।
जहां खुलते हैं सपनों के दर,
शुरू करने रचनात्मक सफ़र!

मेरा घर,
जहां मैं 'मैं' होता हूं,
न कोई फिल्टर, न आडंबर।
जहां मैं करता हूं ट्वीट-विचार
लेखन, पठन, मन का विस्तार!

मेरा घर,
जहां होती हैं
मेरी मनपसंद किताबें।
काम के सब कागज-पत्तर,
और जीवन भर की धरोहर!

32. गुनगुनाती ज़िंदगी

परंपराएं और
रीति रिवाज...
सुंदर बनाते ज़िंदगी।

ढोल, फन,
गुझिया, कचौड़ी..
रंग बढ़ाते ज़िंदगी।

मिलने-जुलने
के बहाने...
पास लाते ज़िंदगी।

नवलपन, मस्ती,
मोरव्वत...
गुनगुनाती ज़िंदगी।

33. फ़र्क पड़ता है

ज़ुल्म को देखकर
चुप बैठने से
क्या हासिल?

किसी कमज़ोर की
आवाज़ उठाने से
फ़र्क पड़ता है!

किसी पीड़ित पशु
के प्राण बचाने से
फ़र्क पड़ता है।

जहां इंसान ही हैवान
बना फिरता हो...
ऐसी लंका को जलाने से
फ़र्क पड़ता है।

34. हद से ज़्यादा

परचे पर लिखी
दवा अगर न मिले तो
मेडिकल स्टोर से उसका
सब्स्टीट्यूट मिल जाता है।

किस्मत से मिला
दोस्त कहीं गुम जाए तो
कई बार उसका हमशक्ल
रौनक बिखेर जाता है।

परंतु कोई अगर
हद से ज़्यादा गिर जाए तो
न पद, न पैसा, न कुछ और
उसे उठा पाता है।

35. लेकिन... !

मामला सुलटा,
समस्या निबटी,
लेकिन... !

बात बन चुकी
सब सटीक था,
लेकिन... !

हुआ समापन
सभी मगन थे,
लेकिन... !

हर संभव पर
लगा निशाना,
फिर भी...
लेकिन... !

36. भोर हो गई

पांच बज गए
चलो उठो जी
चाय-ध्यान का
वक्त हो गया।

चुस्ती-फुर्ती
सजग, शांत मन
योग-मनन का
चयन हो गया।

भोर हो गई
नूतन दिन की
शुरूआत का
समय हो गया।

37. फरिश्ता निकला

ज़िंदगी के
असल नाटक में
तालियां बटोर गया।
बंदा खेला-खाया
खिलाड़ी निकला...
सिंगल नहीं, मल्टी रोल
अदा कर गया।

महज पेड़ नहीं...
अनेक शाखाओं में
खुद को बांटता रहा।
वो कोई आम बूटा नहीं,
बरगद का बड़ा तना निकला।

फूल-फल बांटे
शीतल छांव दी सबको,
सबका रखा ख्याल,
खुशियां बिखेरता रहा।
जंगल से रिश्ता नहीं था,
फिर भी वो फरिश्ता निकला!

38. प्रिय नीम

मेरी नज़रें तलाश रही थीं,
नीम के उस पुराने पेड़ को,
जिसकी छांव में बैठकर,
हम पढ़ते थे कहानियां।

रस्सियों के झूले पर,
बढ़ाई जाती थी पेंग,
और पीली पकी निम्बौरी में
तलाशते थे थोड़ी-सी मिठास।

जहां किटकिटाती थी...
एक नटखट गिलहरी,
वृक्ष की जगह अब वहां
सिर्फ खामोशी बिखरी थी।

पुराने वृक्ष घर के
बुजुर्गों सरीखे होते हैं,
खड़े हों चुपचाप लेकिन...
देखते सब रहते हैं।

मन किया, दिख जाए नीम
तो लगा लूं गले से और
पूछूं हाल- "कैसे बीते इतने साल?"
फिर एक सेल्फी ले लूं।

39. रसभरे किस्से

गांव के सफर में मिलती थीं,
वज़ीरगंज की चटपटी पकौड़ियां,
घटपुरी स्टेशन की गुझिया का स्वाद।

बदायूं में पसंद था, बूरा लगा पेड़ा,
हिमाचल में धरमपुर की पकौड़ी
और कसौली हिल्स की बयार।

इंदौर का पोहा, कट चाय और भजिए,
चंडीगढ़ में सेक्टर सतारा की सॉफ्टी,
कुरकुरी रतलामी नमकीन के ज़ायके।

शिमला के रसगुल्ले, जालंधर की दाल,
ज़बां पर चिपके, बीते लम्हों के स्वाद,
रसभरे किस्से, हर फ्लेवर के साथ।

40. चाय हो जाए?

बहुत पढ़ लिए,
थकान सी छाई है,
ज़रा ताज़गी मिले...
एक चाय हो जाए?

काम जारी है,
पर दिल बहलाना है,
बस दो घूंट सुकून..
फिर चाय हो जाए?

आइए जनाब,
कुछ बातें करते हैं,
गपशप के साथ...
एक चाय हो जाए?

41. अगले जनम

हे भगवान, अगले जनम
भले ही हमें पेड़ बना देना,
पर हमें गाय, श्वान,
घोड़ा, हाथी, गधा, बैल,
या ऊंट न बनाना।

चींटी, कबूतर, बगुला चलेगा,
पर हमें मछली, केकड़ा,
या हिरण ना बना देना।

क्रूरता का शिकार
होने से तो अच्छा है कि
हमें मनीप्लांट बना देना!

42. अखबार

प्रिंट की दुनिया,
शब्दों का खेल,
कागज की खुशबू,
रंगों का मेल।

कहां क्या छपा,
खोजने की जंग,
पेपर को थामे,
मन में उमंग।

हर शब्द किस्सा,
हर शब्द मस्ती,
छोटी-बड़ी खबरें,
जीवन की बस्ती।

प्रिंट की आदत,
छूटे भी कैसे,
इसमें जो जादू,
डिजिटल में नहीं।

43. पगडंडियां

भीड़ का हिस्सा बनोगे
या चलोगे एकला रे?
धर्म का है राजमार्ग,
अध्यात्म की पगडंडियां!

बड़े रस्ते लाख लेकिन
घटाती हैं दूरियां,
शॉर्टकट देतीं फटाफट...
शांत सी पगडंडियां।

प्रार्थना से क्या मिलेगा
याचना में क्या धरा?
कृतज्ञता की राह देती
ध्यान की गहराइयां!

बदलते रहते मुखौटे,
असलियत एकांत में,
हौसला रखो तनिक...
हासिल करो ऊंचाइयां!

44. खुद-ब-खुद

धैर्य की असली परीक्षा
शेयर बाजार में होती है,
जहां फायदा लुभाता,
और नुकसान डराता है।

इस इम्तिहान में
जीत उसकी,
जो संयम-नियम
से चलता है।
क्योंकि...
बुल और बियर
की जंग में,
हड़बड़ी का कोई
काम नहीं!

सच तो यह है कि
ढील देने से पतंग,
टप्पा खाने से गेंद,
और धीरज रखने से शेयर
खुद-ब-खुद उठ जाते हैं।

45. छिटपुट

कड़कड़ाती बिजलियों ने,
गड़गड़ाते बादलों संग...
मचा डाला धम धमा धम!

भोर आ धमके कहीं से,
बादलों के दल दनादन...
और फिर बरसे झमाझम!
...

धधकती धरती
उबलती दोपहरी
चिलचिलाती धूप
बारिश की नहीं आस
ऐसे में खिलखिलाता
सुनहरी आभा बिखेरता
इतराता अमलतास!
...

छोटे बच्चों जैसे छोटे,
छोटे-छोटे होते सपने।
छोटे-छोटे पैर चलाते,
मोटे होते जाते सपने।

46. घर तलक

रात इतनी भी
घनी नहीं हुई कि
आवाजाही थम जाए।

मेट्रो बंद होने में
पूरा घंटा बाकी था,
फिर एंट्री गेट क्यों बंद मिले?

सेंट्रल दिल्ली में
अगर दस बजे ही
सन्नाटा पसरे,
तो अटपटा तो लगेगा!

शुक्र है, उबर है,
जो मुश्किलों से बचाती है,
एक क्लिक में कैब हाज़िर,
घर तलक पहुंचाती है।

47. सेमल के फूल

फ्लाईओवर के दाईं ओर,
सेमल के फूलों से लकदक
वृक्षों की ताकाझांकी,
मानो कोई प्यारा सा बच्चा
शरमाके दरवाज़े की
ओट में छिप जाता हो।

पतझड़ के बाद
बुज़ुर्ग से लगते पेड़ों
पर झलकती नाज़ुक कोंपलें,
मानो किसी हारे हुए
खिलाड़ी ने फिर से
कोई मैच जीत लिया हो।

बिना फूलों वाले वृक्षों पर
इठलाती रंग-बिरंगी पत्तियां
इतनी खुश और संतुष्ट
नज़र आ रही हैं,
मानो प्रकृति वसंत का
उत्सव मना रही हो।

48. मेला अलबेला

गांधी ग्राउंड का मेला,
कुम्हार-घरों का धुआं,
रामलीला की चकाचौंध,
पॉपकॉर्न की खुशबू
और मौत की छलांग।

हर माल पचास पैसे,
खिलौनों की कतार,
दशहरे का लकी ड्रॉ,
मीठा घेवर अपार।

दुनिया भर के मेले देखे,
मॉल्स देखे, ठेले देखे,
नहीं दिखा उस जैसा रेला...
लाबेला, मेला, अलबेला!

नोटः यह रामलीला मेला हर साल बदायूं के गांधी ग्राउंड में लगता है।

49. खुदा के बंदे

कुछ लोग फरिश्ता होते हैं,
कुछ लोग सबक दे जाते हैं।

कुछ लोग कहानी बनते हैं,
कुछ लोग दगा दे जाते हैं।

कुछ सुकूं-सहारा बनते हैं,
कुछ नींद उड़ाने आते हैं।

कुछ लोग किनारा करते हैं,
कुछ हरदम साथ निभाते हैं।

कुछ शख्स खुदा के बंदे हैं...
कुछ शख्स मुकम्मल होते हैं।

50. अपने पल्ले

जन्म हमारे हाथ नहीं है,
मृत्यु हमारे हाथ नहीं।

शादी, शिक्षा, कर्म पहेली,
कुछ भी सीधे ज्ञात नहीं।

कौन मिलेगा, कहां मिलेगा,
कितने दिन तक साथ चलेगा।

सब कुछ उसके हाथ 'एनवी'
अपने पल्ले खाक नहीं।

51. घर वापसी

गुटरगूं करते
भागते कबूतर,
आसमान को
नापते परिंदे,
वृक्षों की ओर
लौटते तोते,
गांव की तरफ
लपकते बैल।

इनकी रफ्तार
और जोश
देखने लायक
होता है, क्योंकि,
घर वापसी का
ख्याल ही काफी है...
चहकने के लिए।

52. क्लाइमेक्स

क्लाइमेक्स ही रह
जाता है जेहन में,
गहन कहानी कौन
दोबारा पढ़ता है?

क्लाइमेक्स पर चलती
बॉलीवुड नगरी,
उपन्यास की थीम
जमाना गढ़ता है।

अंत जानने को उत्सुक
है चंचल मन,
जीवन का संघर्ष...
कहानी बुनता है।

53. इसी बहाने

अचानक से टकरा
गया यार इक पुराना,
दो बातें भी हो गईं,
इसी बहाने।

अस्त-व्यस्त कमरा
संभालना तो मुश्किल था,
पुरानी यादें ताज़ा हुईं,
इसी बहाने।

खुद खाना बनाना
थोड़ा मुश्किल तो रहा,
पर सेहत संवर गई,
इसी बहाने।

एक ज़रूरी काम से
जाना पड़ा गोवा,
समंदर भी देख लिया,
इसी बहाने।

कुछ बातें पहले से
सोची नहीं जातीं,
लेकिन हो जाती हैं,
इसी बहाने।

54. कहानी अभी बाकी है

कुछ हमारे
हाथ में,
कुछ है नहीं;
कुछ मिला
सौभाग्य से,
सब कुछ नहीं।

डायरी कुछ
साथ हैं,
कुछ खो गईं;
कुछ हंसी
संभव हुई,
कुछ गुम हुई।

कह दो
कुछ ऐसा,
बढ़ाए जोश जो...
कुछ कहानी
बन चुकीं,
कुछ शेष हैं!

55. अभिलाषा

प्रो. (स्वर्गीय) उर्मिलेश शंखधार जी मेरे मार्गदर्शक और प्रेरणास्रोत रहे हैं। अस्सी के दशक की शुरुआत में, उन्होंने एक कविता मुझे भेजी। तब 'नए प्रकार का रेल-जोड़' नामक मेरा एक इनोवेशन राष्ट्रीय मीडिया में छाया हुआ था। धर्मयुग, साप्ताहिक हिंदुस्तान, नवभारत टाइम्स, नंदन, विज्ञान प्रगति, जैसी तमाम पत्र-पत्रिकाओं में इस बारे में लेख छप रहे थे और आकाशवाणी से कार्यक्रम प्रसारित हो रहे थे।

उर्मिलेश जी तब एन.एम.एस.एन. दास पीजी कॉलेज, बदायूं, उत्तर प्रदेश, में हिंदी के प्रोफेसर थे। अखिल भारतीय कवि सम्मेलनों में उनका जबर्दस्त रुतबा था। उनके शब्दों में स्नेह ही नहीं, एक दिशा भी थी, जो आज भी मुझे हर चुनौती में आगे बढ़ने की प्रेरणा देती है। यह काव्य संग्रह उन्हीं के आशीर्वाद को सहेजने और उनके प्रति कृतज्ञता व्यक्त करने का एक विनम्र प्रयास है। यह रही वो कविता--

प्रिय नरविजय सिंह यादव,
नव-वर्ष तुम्हें भी शुभ हो।
जो मेरे अंतर में है,
वो हर्ष तुम्हें भी शुभ हो।

तुम 'नर' होकर सदा 'विजय' को
'सिंह' सदृश वर लेना।
मेरे सदभावों से अपना
अंतर्मन भर लेना।

ज्ञान और विज्ञान सभी में
तुमको मान मिला है।
इस अज्ञान निशा में तुमसे
ज्योतित ज्ञान मिला है।

तुम-सा पुत्र प्राप्त कर,
सचमुच धन्य हुई धरती है।
सूरज की हर किरण तुम्हारा
अभिनंदन करती है।

अहंकार से हर प्रतिभा
का तेज मंद होता है।
इस दुर्गुण से सदा प्रगति
का द्वार बंद होता है।

इसीलिए प्रिय पुत्र, न मन
में अहंकार तुम करना।
शालीनता, सौम्यता,
सज्जनता से जीवन भरना।

मेरी अभिलाषा है तुम
मुझसे भी बढ़कर यश पाओ।
जो न कर सका मैं अब तक,
वो करके तुम दिखलाओ।

तुम्हारा चाचा,
उर्मिलेश शंखधार

लेखक का परिचय

अंग्रेजी व हिंदी पत्रकारिता में तीन दशकों से अधिक का अनुभव रखने वाले नरविजय यादव संपादकीय कौशल और प्रभावकारी लेखन के लिए जाने जाते हैं। उन्होंने *फ्री प्रेस जर्नल, दैनिक भास्कर* और *राष्ट्रीय सहारा* जैसे प्रतिष्ठित मीडिया संस्थानों में वरिष्ठ संपादकीय पदों पर कार्य किया है। फिलहाल, *इंडिया बुक ऑफ रिकॉर्ड्स* पत्रिका के संपादक एवं एडजूडिकेटर के रूप में वे देश भर में यात्रा करते हुए असाधारण उपलब्धियों को प्रमाणित करते हैं। इसके अलावा, वे समसामयिक विषयों पर "टॉकिंग पॉइंट्स" नामक एक लोकप्रिय साप्ताहिक स्तंभ लिखते हैं।

स्पेक्ट्रम मीडिया के संस्थापक, नरविजय पुस्तक लेखन, संपादकीय परामर्श व कंटेंट रणनीति पर काम करते हैं और दिल्ली एनसीआर में रहते हैं। पर्सनल ब्रांडिंग और कंटेंट मार्केटिंग उनके पसंदीदा विषय हैं। उनकी पुस्तक "रॉक सॉलिड विलपॉवर" को व्यापक सराहना मिली है और वे प्रेरणादायक लेखन के जरिए लोगों को सफलता के लिए प्रेरित करते रहते हैं। वन्यजीव संरक्षण में विशेष रुचि रखने वाले नरविजय के पेशेवर सरोकार संपादकीय उत्कृष्टता और प्रभावशाली कंटेंट क्रिएशन तक विस्तृत हैं। रॉक सॉलिड सीरीज के तहत वे विज्ञान उपन्यासों और एआई आधारित कथाओं पर निरंतर काम कर रहे हैं।

ईमेल: **narvijayindia@gmail.com**
वेबसाइट: **www.narvijay.in**

www.ingramcontent.com/pod-product-compliance
Lightning Source LLC
Chambersburg PA
CBHW070646240926
51846CB00003BA/800
9789371561792